ESTIVE NO FIM DO MUNDO E ME LEMBREI DE VOCÊ

Adriane Garcia

**Conheça melhor
a Biblioteca Madrinha Lua.**

editorapeiropolis.com.br/madrinha-lua

ESTIVE NO FIM DO MUNDO E ME LEMBREI DE VOCÊ

Adriane Garcia

EDITORA
Peirópolis

São Paulo, 2021

Copyright © 2021 Adriane Garcia

EDITORA **Renata Farhat Borges**
COORDENADORA DA COLEÇÃO **Ana Elisa Ribeiro**
PROJETO GRÁFICO E DIAGRAMAÇÃO **Gabriela Araujo**
REVISÃO **Mineo Takatama**

Dados internacionais de Catalogação na Publicação (CIP)
de acordo com ISBD

G216e   Garcia, Adriane
         Estive no fim do mundo e me lembrei de você /
       Adriane Garcia. – São Paulo: Peirópolis, 2021.
       88 p.; 12 x 19 cm – (Biblioteca Madrinha Lua)
       ISBN 978-65-5931-047-0

       1. Literatura brasileira. 2. Poesia. I. Título.
  II. Série.

                                           CDD 869.1
2021-4174   CDU 821.134.3(81)-1

Elaborado por Odílio Hilario Moreira Junior – CRB-8/9949

Índice para catálogo sistemático:
1. Literatura brasileira: Poesia 869.1
2. Literatura brasileira: Poesia 821.134.3(81)-1

1ª edição, 2021 – 1ª reimpressão, 2023

*Editado conforme o Acordo Ortográfico
da Língua Portuguesa de 1990.*

Editora Peirópolis Ltda.
Rua Girassol, 310f – Vila Madalena
05433-000 – São Paulo – SP
tel.: (11) 3816-0699
vendas@editorapeiropolis.com.br
www.editorapeiropolis.com.br

⌐ *A perene, insuspeitada alegria
de con-viver.*

Carlos Drummond de Andrade

⌐ *Ignoro a etiqueta para o fim do mundo, por
mais que pareça ridículo, e me guardo para
um carnaval imprevisível.*

Kátia Borges

PREFÁCIO

Do fim do mundo

Ana Carolina Neves

Fim do Mundo – "O máximo de céu, o máximo de inferno, lugar estranho sempre prestes a acabar", de onde Adriane Garcia nos envia cartões-postais. De seu caderno de viagem, ela extrai o assombro do último pôr do sol e a beleza do singular e fugaz momento, invocando a ruína de cânones há muito celebrados.

Dali, a autora nos lembra que, como espécie, somos engenheiros que deixarão marcas da nossa passagem pelo planeta. Mais do que fósseis de *Homo sapiens*, deixaremos para os futuros arqueólogos (extraterrenos ou terráqueos, quem sabe) as marcas da erosão no leito dos rios, uma densa camada de pólen das plantações que cultivamos, o depósito de carbono nas geleiras remexidas pelo derretimento e, sobretudo, a eliminação de outras espécies. Impacto que, pela perspectiva de eras e éons, parecerá tão súbito e violento quanto o choque de um asteroide. Uma hipótese científica prevê que os dinossauros teriam sido extintos por um grupo de espécies, as angiospermas – árvores produtoras de sementes protegidas por frutos –, que se espalharam da linha do equador em direção aos polos, empurrando os dinossauros (animais ectotérmicos, ou vulgarmente chamados "de sangue frio") para as regiões mais geladas. Outra hipótese atribui a extinção de algumas espécies a pandemias causadas por vírus ou bactérias. Da mesma forma que plantas e micro-organismos podem ter tombado gigantes, a espécie humana foi capaz de acelerar de cem a mil vezes a taxa de desaparecimento das espécies, causando uma extinção em massa – mais precisamente, a sexta, ou a grande extinção do antropoceno. Somos merecedores de uma era geológica nomeada em função de nossa espécie, ou, para ser precisa, da elite detentora do capital, que no descompasso das populações tradicionais e indígenas, dos mais pobres e dos zero econômicos, foi responsável por, nos 150 anos que seguiram à Revolução Industrial, levar o planeta para a beira do abismo cósmico. E por, nos últimos 50 anos, infligir mudanças à biosfera em intensidade, extensão e velocidade maiores que em qualquer outro momento da história. Esse é o ritmo com que o fim do mundo se aproxima.

Mas nem tudo é luz que se apaga, a autora nos mostra. Reconhecendo o cenário do momento presente, pelo menos três caminhos despontam para o futuro. Para alguns, especialmente os que acreditam em um único gênesis, há o decorrente fim irreversível, o *apocalipse*. Para outros, ainda há tempo de aprender com nossos erros e reverter a situação, ou seja, há uma possível continuidade. Terceiro, podemos mirar no exemplo dos maxacali (ou tikmũ'ũn, como se referem a si mesmos). Para esse povo que habita o vale do Mucuri, no antigo Mato Dentro (como era chamada a Mata Atlântica na vertente leste da serra do Espinhaço), o que existe é ruptura e recomeço, pois em sua cosmologia o mundo acabou e retornou muitas vezes, como mostra Roberto Romero no artigo "Quase extintos" (Piseagrama, 2013). Os tikmũ'ũn foram quase extintos por pandemias e massacres, além de fugas e dissoluções, chegando a 59 indivíduos nos anos 1940 e retornando a cerca de 2.000 nos tempos atuais. Sem falar no advento original da invasão da Abya Yala e de Pindorama pelos europeus.

Ao mesmo tempo que nos percebemos próximos do fim iminente, descobrimo-nos espécie-ecossistema, corpos formados por 43% de genoma humano combinado com células, material genético e moléculas de micro-organismos. Somos em essência uma espécie mutualista, existências possibilitadas pela infusão interespecífica. Materializamos a alteridade.

Seja como for, do terror do fim derradeiro, de um esperançoso continuar, ou da desilusão do fim seguido do recomeço, temos a oportunidade de contemplar o lugar e o tempo em que vivemos. E Adriane Garcia nos conduz com sensibilidade nessa jornada, apontando a beleza das paisagens e das espécies selvagens, como os encantados pinguins que perfuram "o azul subzero", o albatroz de três metros de asas e "os narvais com chifre de Pégaso"; os representantes urbanos da biodiversidade, como "o casal de maritacas verdes" com "pequenas manchas amarelas nas asas"; o amor da mãe que observa as filhas fazendo castelos na praia; mas também o pasmo do desamor, de espécies e hábitats dizimados, "de palafitas, barracos, cafuas, cabanas" e humanos que têm a rua como "a própria morada", abandonados no chão das cidades para que a gente "decida se a crueldade é bonita".

Venha assistir ao pôr do sol onde ossadas de mamutes emergem do lodo derretido do *permafrost*. Contemple, temeroso, o fitoplâncton que flutua ao sabor das correntes marítimas atravessado por cardumes de plástico. Mire, estupefato, o espetáculo das sequoias milenares em chamas. Trema pelo colapso geral das colmeias e pelo branqueamento dos corais. Mas veja os animais que retornam às cidades abandonadas, as regiões que se desindustrializam. Cogumelos coloridos brotam do último derramamento de petróleo. Veja as enzimas que degradam o lixo plástico e os rios que correm paralelos ao rio, subterrâneos e celestes.

É tempo de reconhecer nosso próprio corpo simbiótico. Parafraseando Carl Sagan, na bela dedicatória da série de livros *Cosmos* à sua ex-esposa Ann Druyan, "diante da vastidão do tempo e da imensidão do universo", esses são nossos conterrâneos e contemporâneos, com quem temos "o prazer de dividir um planeta e uma época". No final, somos nós, humanos, maritacas, pinguins, albatrozes, narvais, as testemunhas do fim do mundo.

Ana Carolina Neves é bióloga, professora da Pontifícia Universidade Católica de Minas Gerais (PUC Minas) e autora de Pantanáutilus *e* Espia das montanhas, *ambos pela Editora FTD.*

souvenir

Para me lembrar deste lugar
Desta viagem
Destas companhias
Do lugar estranho que é o Fim do Mundo
Do lugar sempre prestes a acabar
Por mim ou por si

Para me lembrar de que o Fim do Mundo
Foi o máximo de céu
O máximo de inferno
E que ainda assim me fotografei
E sorri

Para lembrar que esta foi a minha única viagem
Para te lembrar de mim
Quando eu não estiver mais
Aqui.

a bola azul de yuri gagarin

Que tudo tenha fim
Menos a bola de Yuri Gagarin

Não é plana
Como dizem
Os quadrados

Bola oval
Safira azul
Com alguma terra
Incrustada

Nave e casa
Onde nos ferimos
Como quem proclama
Que não merece

A joia do universo
Refletida
Na pupila azul
De Gagarin

"Através da janela

Eu vejo a Terra

O chão é claramente identificável

Eu vejo rios e

As dobras do terreno

Tudo é tão claro."

terra minguante

Sento-me na superfície
Da Lua
Traindo mais leis
Que as gravitacionais

A poeira lunar
Por vinte e oito dias
Aumenta o contraste
Com o azul

Tudo perdido
Entrego-me ao sonho:
Durmo em crateras e
Avisto um planeta

Terra nova
Terra crescente
Terra cheia
Terra minguante.

televisão

Setenta por cento de mim é água
Por isso falo tanto de azul
E vivo sondando
Profundezas

Quando vi uma baleia
Primeira vez
Foi em preto e branco
Mas ela era azul

Na caixa de lápis
Não havia transparente
Havia azul
Cor da água do mar

Como é que eu sabia
Sem ter ido ao mar?
Colori as águas
E colori a cauda

De sereia

Da baleia azul

Que eu vi num programa

Do Jacques-Yves Cousteau.

vidro

O dia termina rápido
Quando a gente olha o relógio
Já está na hora de dormir

Queria ter acordado mais cedo para
Sentir o cheiro da madrugada
Aproveitar o nascer do sol

E quando as maritacas cantaram
Queria ter ido à janela concluir
Que é um dueto com as mesmas sílabas

O café, devia ter reparado
Com que perícia meu marido o faz
Para um litro, o adoçante: 35 gotas

Meu gato vindo até mim
Com um grunhido afetuoso
Seu nariz gelado no meu

Minhas filhas me dando bom dia
Indo cada uma para suas
Descobertas

Queria ter feito um poema
Cauteloso, um poema que pudesse
Desacelerar as horas

E ter provado melhor o almoço
Cada colherada
Teria mastigado dez vezes

À tarde, talvez um filme se eu
Estivesse de férias
Ignorar meu chefe me mandando mensagens

Queria ter lido 50 páginas do livro
Sentido o cheiro de livro novo que ele tem
Tomar um chá, sorvendo

E se não fosse pedir demais

Avistar uma lua amarela

Falar para a família: vejam isso

Queria ter ido para a cama sentindo

Que o dia foi bonito

E que só quebrei um copo.

caderno de esquecimentos

Faça um caderno de viagens se
Não quiser se esquecer de mais da metade
Dos lugares em que esteve ou
Antes de dormir
Peça para sonhar

Agora não sei mais se foi minha mãe, meu pai
ou minha avó
Quem me disse para não apontar para as estrelas
Porque me nasceriam verrugas
Como as de uma bruxa
Agora não me lembro se na ponta dos dedos
ou do nariz

Das estrelas me lembro, nunca mais as vi
Eram como vaga-lumes acesos no abismo escuro
Se eu as tivesse contado e anotado em um caderno
Hoje saberia quantas eram
E quem me acompanhava olhando o breu.

duas crianças brincando na praia

Duas crianças brincam na praia
Um castelo de areia surge
De suas mãos

O castelo é um
Elas são duas
O mar vem lamber suas pernas

De irmãs que guardam
O mesmo castelo
Depois de tê-lo lambido o mar.

fotografia marítima às 5 da tarde

As águas marítimas banham o solo
Uma língua úmida traduzida em
Sensação

Somente se alguém é capaz de
Olhar com qualquer sentido e
Sentir

A água transbordando da maré
Alta e molhando cada grão de
Areia

Somente se a textura pode ser
Descrita, ainda que para dentro do
Encontro

Aquilo que nos alisa ou nos
Arranha, enquanto a luz nos transforma
Numa sombra ao pôr do sol.

final de carta

Trago também postais de palafitas
De barracos, cafuas, cabanas
De lona, papelão, de pau a pique

Trago isso que não se fotografa
Para não atrapalhar a vista
Da viagem

Pois de outra maneira talvez
Soubessem que pisamos em ruas
Em que a rua é a própria morada

Então trago igualmente postais de
Humanos, gente que encontrei sem
Teto

Para que você decida se a crueldade
É bonita
E se não deveria compor nossos retratos.

arquitetura hostil

Meu coração está no banco da praça
A praça que é do povo
Como o céu é do condor

Está no meio da praça Castro Alves
Sentado no banco em cuja metade
A prefeitura instalou pontiaguda lança

Meu coração está na praça Dandara
Na Zumbi dos Palmares
Na praça Carolina Maria de Jesus

Está sangrando na Miró da Muribeca
Na Stela do Patrocínio
Na praça Bispo do Rosário

Meu coração está partido, rubro
Meu coração de rua que esta noite não se deitou
E nem dormiu.

grande queijo suíço

Uma lua amarela e gigante
Desenhada na
Lona do mundo

Azul cobalto

Uma lua redonda
Vista de norte a sul
Por malabaristas

Verdes

Por equilibristas
E engolidoras de facas
Ganhando a vida no sinal

Vermelho.

o casal de maritacas

Se camuflaria bem o casal de maritacas verdes
Não fossem as pequenas manchas amarelas
nas asas
Só por isso as encontro entre as folhas
E antes, por causa da algazarra

Pedaço de floresta, naco de cerrado
A árvore em frente à janela
Do apartamento
De onde avisto as maritacas

Comem abelhas na colmeia que se instalou
nos galhos
Não aceitam visitas, cantam juntas o mesmo canto
Duramos, no enquanto, no equilíbrio de vida
e morte
As maritacas, as abelhas, a árvore e eu.

um estouro de gnus

Posso estar cansada o quanto for
Mas ver os gnus me descansa
O bando deles, a força
De um rebanho selvagem

Mugindo, o mais perto que encontrei deles foram
Uns bois, que não são bichos confiáveis
Pois se deixam muito abater
E não sei por que não se rebelam

Nem sei o que penso se estou na savana e
Entre outros bichos sou avassalada
Por uma manada muito veloz de gnus
É como se eles me pisoteassem inteira

E eu finalmente me pregasse à terra
Olhos bem abertos, céu bem azul
Meus ossos, eu, a savana, os gnus
Tudo originado na África.

santuário de corais

A tempestade avariou a embarcação
Eu que nem moro perto de rio ou mar
Eu de cidade grande com córregos subtraídos
Fui ficar no tempo e

Oxidei meu mastro e bandeira
Oxidei a proa, a longarina
E a cama
Não se deite: pode pegar tétano

Confesso que até a água anda vermelha
Vão se esvaindo os minérios por onde desliza
O casco tomado de conchas
Essa palavra que detesto usar e que é naufrágio.

o fim do mundo

Os vulcões entram em erupção a qualquer
                    momento
E fazem de cidades inteiras um museu de estátuas:
Bocas de horror anunciam que viram um anjo
                de fogo

As tempestades rompem os telhados de amianto
E as pedras que seguram as telhas ferem a cabeça
                da mãe
As vizinhas acodem com água e o chão fica
                vermelho

Os vírus atacam os rins, o fígado, o pulmão,
                a medula, o diabo
Filhos morrem, irmãos morrem, pais são
                    atropelados por trens de ferro
Mulheres voltando do trabalho são estupradas
                enquanto rezam a ave-maria

Crianças nascem com síndromes inexplicáveis
Aviões caem, barcos afundam, nações declaram
guerra
E você vai e mata e morre

Outro dia foi em uma igreja: uma bomba, oito
mortos e trinta e dois feridos
Ordens de despejo, famílias nas ruas, agências
bancárias abrem às 10
Na praia onde construíram um porto tubarões
arrancam pernas

Meninos adolescentes entram em creches atirando
Da polícia, nem falo da polícia, olhai os lírios
do campo
De concentração, dos campos de refugiados

Tudo que é fascismo agora vem com o prefixo "neo"
Não sei se Deus existe e, se não existe
Falo muito sozinha.

ursa maior

A minha solidão foi habitar o Ártico
Onde é possível dar mil nomes para o branco
A camada de gelo cada vez mais fina
A montanha de gelo encontrando a nevasca

Branco sobre branco a minha solidão
Encontrou uma ursa e seu filhote
Parece quente achar companhia
Mas andam sozinhos na imensidão gelada

Procurando focas que procuram gelo
Para esconder-se de ursos que não mais
                          se escondem
Na camada de gelo cada vez mais fina
Estou nua, com frio, largada no Ártico.

daqui da lua

Ponho os pés no solo cinza da Lua
Poeira e cratera
O deserto assolado de onde vejo
Meu pequeno planeta

Não o B612, não um asteroide
Uma casa onde também plantei uma rosa
E daqui a vigio melhor
Pois a sei única

Não a rosa que é uma rosa é uma rosa é uma rosa
Mas a casa que é um planeta de rosas, baobás
e carneiros
E rios e mares e vulcões de que me guardo
Daqui da saudade, de onde vejo melhor.

extinção

O branco reflete o sol
E manda o calor para longe
Da Terra

Se a Terra aquece
O gelo derrete
E a Terra aquece

A alga que nasce sob o gelo
Alimenta o krill
Que alimenta a baleia

Se não tem gelo
Não tem krill
E não tem baleia

Sei que é óbvio
Mas já falei de amor
E você nem ouviu.

encantados

A coreografia dos pinguins perfura o azul subzero
Sem hipotermia nadam, audazes em bando
As bolhas de ar sobem transparências visíveis
Os pinguins se alimentam e emergem

Três metros de asas o albatroz sobrevoa
O oceano com a comida no bico procura
O filhote de albatroz esperando na ilha
Que as plumas se encorpem e encontrem voo

À flor do mar aparecem unicórnios
Oito narvais com chifre de Pégaso
Ouvindo muito mais do que ouvimos
Vendo muito mais do que podemos.

pugilismo

Lá onde só há

Oceano e céu

A onda gigante bate contra o paredão de gelo

Choque

Espuma

Fúria do sal

Branco contra branco:

Vence o azul.

antropoceno

Está parecendo que eu odeio a humanidade
Desde que vi as morsas caindo de montanhas
Em que nunca deveriam ter subido
As morsas quicando
Uma, duas, três vezes e caindo estateladas
No meio da multidão de morsas

Na costa da Rússia, eu que nunca estive lá
Chorei como quem passava a amar somente
os bichos
E as plantas que cultivo no meu apartamento
Sob um pedacinho de sol
Que os arquitetos deixaram por compaixão
Ou por esquecimento

Soube então que faltavam geleiras às morsas
E que elas agora se viravam nas pedras
Amontoadas, que algumas subiam as montanhas e
O resultado já disse
Elas caem e fica parecendo que eu
Odeio a humanidade

Como se eu não soubesse que gente
Também é bicho
Como se eu não entendesse que é preciso amar
A minha própria espécie
Fica parecendo que eu não compreendo
Que nós caímos quando a morsa cai.

histórias da carochinha

O lenhador de árvores
O caçador de lobos
O desbravador de terras

O santo que queima bruxas
O padre que salva criancinhas
O pastor que faz milagres

O herói que prende bandidos
O príncipe que beija a donzela
Enquanto ela dorme
(pode até estar morta)

O patrão
Qualquer que seja o patrão

Cuidado.

oráculo

As nuvens sobre os grandes paredões me lembram
A casa de meu amigo em Carrancas
De repente dei de cara com uma grande pedra
E me perguntei: qual é o caminho?

Não me pergunto mais, deixo que os vulcões
explodam
Seu sangue quente, deixo que a lava se esparrame
Sobre o assoalho oceânico
E descanse
(não sei se já contei: sou vermelha)

Esfrio na água a panela que queima
Ouço o chiado do choque térmico e aguento
Cardumes de anchovas invadirem meus sonhos
É fria a noite eterna, ou o dia eterno, boreal

Nem sempre o sol é suficiente
Para iluminar, não para aquecer
A prova é que as ervas marinhas crescem
Enquanto ainda existem golfinhos

Se eu fosse uma árvore, seria a de um manguezal
Suporto sal, muito sal, e ainda protejo meus
                              peixes
Caranguejos, bichos lamacentos, gosto até
                              de feiura
Sou de raiz muito torta

Entre minhas ancestrais tenho gente sequestrada
E gente que sequestrou, mas só falo da avó
                              materna
Porque tocava maracatu e sabia usar as ervas
Porque era tão preta quanto meu sentimento
                              de saudade

Olho de novo a pedra
Vejo se me protege contra furacões
Vejo se eu mesma tenho algo de pedra
Um casco de tartaruga, uma armadura que seja

Se uma borboleta me sobrevoa, logo me torno
distraída
Se eu me esquecer imóvel, bem provável
Cogumelos amarelos me decomponham
Por isso é melhor escrever

Este mundo anda errado
Ninguém mais faz perguntas às pedras
As pessoas não temem se perder e
Por outro lado, há esse medo bobo contra
os morcegos.

mulheres-árvores

Queremos estar tão verdes
Que os macacos pulem em nós
De galho em galho

Que as formigas subam em nós
Arranquem nossas folhas
E levem para suas colônias

Nós desfolhadas
Aguardaremos a próxima chuva
E com alegria daremos brotos

Ao mundo dos pássaros
Ao mundo dos répteis e
Dois cogumelos nascerão em nossas bocas

Seremos verdes e mulheres
Até mesmo os homens
Tendo espalhado tanto cinza

Seremos verdes e úmidas

Feito os sapos que visitarão os nossos dedos

Feito as cobras-cipós enroladas em nossos

troncos

Não teremos qualquer aflição

Quando formos verdes

E nos nascerem frutos cor-de-rosa.

sabá

É simples
Ficam lá embaixo
Se desço do apartamento

Se não desço
Vejo pela janela
É possível

Eu não suportaria
Campos onde até as águias
Colocam seus ovos no chão

Não que eu suba em árvores
Eu as abraço
Retardada

Quero involuir
Até dançar novamente
Em volta delas.

bilhões de pés sobre mim

Contra dores de cabeça eu uso

Cloridrato de naratriptana mais

Um comprimido de neosaldina

Tudo isso com um copo com água e

Sal de frutas

Preocupações me assolam

Estou sempre pensando que o futuro será

Algo que exigirá muito controle

Que será sempre pior

Esta noite sonhei com um bolo confeitado

Que ia perdendo tudo, derretendo a cobertura

Tão bonita de aniversário

Depois perdia o recheio, a massa e ficavam

Somente as cascas de baixo, as laterais

E eu tinha que me virar com esse sonho

A cabeça dói, por óbvio

Também, com um sonho desses

Mas quando não é isso

É outra coisa:

O presente é difícil

O passado (graças!) já passou.

moinhos de vento

A majestade de um elefante
Caminha sobre a terra do Congo

No lago do Mbeli Bai
A elefanta banha o elefantinho

Você pode achar infantil mas
A criança é o melhor em mim

Não vá ao Mbeli Bai
Ainda é um bom lugar no mundo.

ave-do-paraíso

Neste exato momento
Um número incalculável de criaturas
Está se esforçando para
Acasalar-se
(pássaros, certamente
esforçam-se um pouco mais)

Quanto a nós
Não é verdade que nos multiplicamos feito
                              formigas
Se fosse
Haveria trabalho para todos.

buraco negro

Um barco de pesca equipado
Com mil barbatanas, redes e arpões
Em cima do trono vê-se o capitão
A tripulação quer enlatar o mundo
Nem me pergunto de onde vem meu copo
Com água

Havia arenques nos mares costeiros
As fêmeas subiam para dar à luz
Ovos nas ervas submersas
E os machos despejavam seu sêmen
Colorindo de branco
O azul-berçário

Já não suportamos o capitão no trono
Um buraco de breu quase nos suga
E os leões-marinhos não mergulham mais
O capitão insano persegue a baleia
Moby Dick é o nome
Do fim.

dentro de casa

Quando o pantanal queimou
Quando o pantanal foi queimado
Tive que mostrar para minha filha
Cada onça recuperada

Tentei esconder, mas a fumaça
Desceu do Mato Grosso
Até que deixou cinza
Belo Horizonte

Nas fotografias que chegavam
Eu omitia aquelas
Que mais nos feriam

Eu omitia aquelas que
Nos envergonhavam
Como raça.

regeneração

Nem tudo está perdido
Às vezes não dá para mim, mas
Acontece com outra criatura
Veja

No Pacífico Sul algo se recupera
Os pássaros voltaram para anunciar que há peixes
Os cormorões, as gaivotas-monjas, os atobás peruanos
Descem o Atacama

Dentro de mim tudo é deserto
Por isso é melhor que eu guarde bem meus pés e
Não toque em nada
(se não amamos nossas crianças
nada vai dar jeito, escute)

Recolho-me
Quero fazer o menor mal possível
E em troca recebo a visão dos pelicanos:
O melhor pôr do sol é este
Que partilhamos com outras criaturas.

arraia gigante

Abrir um livro para conhecer outro país
Ou descobrir o estrangeiro em nós

Ouvir Ailton Krenak dando ideias para
Adiar o fim do mundo

Assistir a um documentário que ensina a
Regressar

Voar no dorso da manta-dos-mares
Sete metros de asas de uma ponta a outra

Ter visto em cores antes que apaguemos
Todos os corais.

leopardo

Estou tão longe de mim que não sei onde me
escondo
Muito diferente desses animais que seguem as
chuvas
Para encontrar gramíneas
Há lugares do Atacama em que nunca houve uma
gota de água
(até mesmo a aridez é importante)

O vento não sopra apenas desejos da infância
Também nutre o mar, carregando a areia do
deserto
Que sou eu? Campos da Mongólia, um Atacama
de dunas?
Tem dias que fico úmida, neblinosa
Mas dura como um penhasco vertical

Lá embaixo há um regato de água muito límpida
Um leopardo de pelos dourados e manchas
negras
Se aproxima (ele é mais bonito que a
humanidade inteira)
Bebe a água, vê sua imagem, mas não mergulha
Menos apaixonado por si, salva-se.

rugas

O comercial da TV nos distrai
O rolê no shopping nos distrai
As compras online nos distraem
E o desconto de cinquenta por cento
Se você for o leitor número mil
Deste poema

A nova escova
O novo aparelho
Celular, o novo carro
Ter muito dinheiro
Não ter dinheiro
Também distraem

Das três notícias mais importantes que
Não saíram nos jornais desta semana:
Nossa vida está nos minúsculos pés das abelhas
Se você não vê mais borboletas veja catástrofe
É nossa
A velhice que aparece nos olhos dos elefantes.

um sopro de boas intenções

Temporariamente verde
Aguardo a fala do senhor Ministro do Meio
Ambiente
Que vende madeira ilegal da floresta
E também a fala do senhor Smith
Que destrói noventa por cento das suas pradarias
Mas está preocupado com a horta alheia

Ninguém vai dizer que o agro é pop
Não aqui, onde não recebo qualquer patrocínio
Das empresas de celulose que vêm plantar eucaliptos
No meu quintal, não no delas, no meu
E também não vou compartilhar a fotografia
Em que posam com um selo na testa: reflorestada

Não sei se este poema vai sair em papel reciclado
Se será embrulhado em plástico
Não sei se ele compensa aquilo que derruba
Não sei se ele move uma pena
É mais provável que ele apenas revele
As minhas incoerências.

vírus

A borboleta azul toca a genciana-roxa
Cavalos selvagens se recuperam nas estepes
Em lugares em que o homem parou
A vida continua

O elefante e o rinoceronte indianos
Só têm uma esperança
Assim como as orcas e os golfinhos
Aguardam nossa reclusão

Terrível proibir-nos abraços
Quando vem uma peste que nos chama pelo
nome
Mas os canais de Veneza ficaram limpos
Sorriram mostrando seus peixes.

abissais

Somente os animais mais resistentes
Sobrevivem às maiores profundidades

Não é fácil ser profunda
Deve admitir que não vê direito

Depois tem que enxergar de outras formas
Desenvolver tentáculos, por exemplo

Uma antena, para viver de profundidades
Há de se conectar com a intuição

E de tanto viver no fundo, sua cor ficará metálica
Sua pele se tornará translúcida

É possível que não a vejam
Ou que a vejam como uma alienígena

Porque você será esquisita, lenta
Dedicada ao fascínio de explorar funduras

Tudo será escasso
Menos a profundidade

Sem uma gota de luz
Vai acabar inventando luz própria.

viagem

Seres microscópicos flutuam
Na água salgada dos oceanos

Comem o Sol
E se aquecem

O calor evapora a água
E são tantos

Que um rio de água doce
Passa a flutuar no céu

Disfarçados de nuvens, os rios
São soprados pelos ventos

Viajam, gritam terra à vista
Em uníssono trovão:

Prontos para desembarcar.

urubus

Na terra, os urubus comem
Tudo o que um dia caminhava

Os petréis são os necrófagos do mar
Eles e os albatrozes brigam por comida

Todos saem molhados
Nós também

Mas nós nos afogamos.

mais uma distopia

Depois de colonizar

Homens

Mulheres

Crianças

Animais

Os homens partem

Os homens não repartem

Fica registrado

O inequívoco fracasso

E vão a Marte.

ficção científica

Quando tudo for desolação
Ainda teremos livros sagrados
Em que uma história conveniente
Deu toda a Terra ao homem
(e nunca mais ele se contentou
com um lugar modesto no planeta)

Somos conhecidos como os grandes-boca-de-
-peixe
Nas montanhas as cabras nos tratam por
Bocas-do-abismo
Em uma convenção de pássaros
Nos definiram como os hálitos-venenosos

Há dias os golfinhos conversam sobre nós
"Se havia tanto amor que praticassem"
(o capitalismo é uma doença autoimune
o deus que dança é uma baleia jubarte)

Ainda assim faremos nossa sopa de

Barbatana de tubarão

E os filmes de ficção científica

Vão continuar tentando

Salvar nossa raça extinta.

encruzilhada

Todos os felinos se parecem com meu gato
Todas as crianças se parecem com minhas filhas
A tigresa ondula entre as heras
Ouço o silêncio das pisadas fantasmas

Preocupo-me com a presa e com a caçadora
Tenho pena do cervo, mas se ele foge
A tigresa não leva comida
Para casa

Fico pasma com a sinceridade dos bichos
Minha violência é mil vezes pior
Culpo-me pela carne
Desonesta, no supermercado

Não posso viver em uma reserva
Aqui as áreas protegidas se chamam
Condomínios fechados
Do lado de fora gente pode morrer à vontade

Melhor não ver as caçadas nos jornais
Melhor não desistir
Melhor molhar minhas plantas
Melhor dar comida ao gato.

terra prometida

No coração
Das geleiras
O que derrete é
Água doce.

sem fronteiras

A solidão do tigre da Sibéria
Só é comparada à de um poeta no gulag
Sem o seu alimento

Por incrível que pareça
Se há compaixão
Só a encontro na humanidade

De resto é equilíbrio
Ou come ou é comido
Mas nada é desmedida

A vida dos bichos
Não é nenhum paraíso
Repare os passarinhos

Repare que as crianças
Palestinas sabem
Definir o que é um míssil

A resistência do ser humano

Só é comparada à de uma sequoia em chamas

Guardando o verde por dentro

Por incrível que pareça

Há gente cuidando de gente

E de outros bichos.

quando ninguém está vendo

Sinta a existência das coisas invisíveis
Calor, frio e vento
Absorva a luz
Sintetize, dentro

O contínuo de respirar, ouça
Entre no lugar de onde ele vem
E se pisar descalça o chão, veja
Entre o pé e o chão, a sensação é invisível

Feche os olhos
Ouça o som, sinta o cheiro
A saliva na língua
Senti-la é invisível.

meditação

I
Eu expiro
A árvore inspira
Ela expira
Eu inspiro.

II
Sento-me ao sol
Inspiro
Trago o mar para perto
O fitoplâncton expira.

III
Deito-me à deriva
Fecho os olhos
O fitoplâncton à deriva
Trago o sol.

do topo da cadeia alimentar

Você precisa estar aqui comigo para ver
Os recifes de corais
Quanto a gente marca as viagens
Mesmo sem ter o dinheiro
É que estamos dizendo
Haverá

Mesmo que não haja
Você precisa estar comigo para mergulharmos até
O assoalho oceânico
Junto com os cardumes
De modo que os peixes não se assustem
Por não termos escamas

Ainda que tivéssemos
Isso não nos impediria de colocar os pés
Na terra, tocar na pele calcária das falésias

Partilhar de um pôr do sol sem dono
Uma noite estrelada
Que nos abrigasse

Embora pareça tarde
Você precisa estar comigo para transformar
em palavras
Outros seres, o vento na pele, o cheiro de uma
flor chamada
Dama-da-noite, você precisa sentir ternura
pelos filhotes
De todas as criaturas, quando nos formos
Tudo será sem nós.

tralhas de tanto afeto

Taça, chapéu, chaveiro, boneca
Pintura, perfume, cinzeiro, postal
Livro, brinco, abridor de lata
Incenso, caneta, grão de arroz com seu nome

Ímã de geladeira, vinho, moedas
Pedra, caixinha de joias, conchinha do mar
Luvas, chocolate, filtro dos sonhos
Pulseira com búzio, coqueiro de plástico

Escultura, amuleto, globo de neve
Miniatura do violão que você não tocou
Anel, adaga, fita do Bonfim
Café e um pedaço morto de coral

Três matrioscas, uma dentro da outra
Você dentro da mãe e a mãe dentro da avó
O álcool, a máscara e a camiseta estampada:
Estive no Fim do Mundo e me lembrei de você.

Dedico o poema "Duas crianças brincando na praia" para as minhas filhas, Micaelle e Iara, que me fizeram amar ainda mais o mar.

O poema "Do topo da cadeia alimentar" dedico a Tadeu Sarmento, meu companheiro, amigo, primeiro leitor.

O poema "Mais uma distopia" dedico ao mestre Carlos Drummond de Andrade e seu "O homem, as viagens".

Pela leitura dos originais, meus agradecimentos a Tadeu Sarmento, Grazielle Álvares e Sérgio Fantini.

Agradeço a Ana Elisa Ribeiro a confiança e o convite para integrar esta coleção.

À Editora Peirópolis, a iniciativa.

Muitos desses poemas foram inspirados no documentário *Nosso planeta* (2020), do naturalista e ativista David Attenborough, lançado pela Netflix em parceria com a World Wide Fund for Nature.

Segundo a ONG Global Witness em seu relatório anual de 2020, o Brasil é o terceiro país mais letal para os defensores do meio ambiente; no atual governo brasileiro de extrema direita, os crimes ambientais e contra ambientalistas têm se agravado.

Assim, dedico este livro para todas as pessoas que se atrevem a fazer ativismo ambiental no Brasil.

POSFÁCIO

Em riste

Ana Elisa Ribeiro

Era um salão amplo, com cadeiras distribuídas como em um auditório. Havia uma mesa diante de todas aquelas cadeiras, para que o lançamento do livro acontecesse. Era o dia de parir um livro juvenil e eu estava muito mais disposta a conversar com as pessoas do que a explicar coisas sobre livros e esforços. Fizemos então um semicírculo e passamos a ler textos, trechos, poemas, estrofes. Não cabia todo mundo no semicírculo; então, tivemos de providenciar mais umas órbitas de cadeiras e, numa delas, mais externa, estava Adriane Garcia. Era um grupo de pessoas que decidira me prestigiar, sem ainda me conhecer, incluindo Líria Porto, poeta de Araxá que é abre-alas desta coleção.

Notei mesmo Adriane quando ela abriu a boca, ainda durante as leituras. A leitura interpretada de um, dois ou três textos nos deixou a todos e todas atônitos(as). Não era só a voz (e já seria bastante), mas a presença, a firmeza, a certeza de que ler poesia não é qualquer coisa. Adriane, soube depois, é também atriz e arte-educadora. Não era à toa ou pura intuição o que ela fazia enquanto lia. Nosso choque era também justificado. Mais do que sua ciência, Adriane Garcia demonstrava, em suas leituras, amor pela poesia, pelo verso, pelo ritmo.

Foi assim que Adriane Garcia entrou em minha vida: pela voz. Depois recebi livros dela; na verdade, o *Fábulas para adulto perder o sono,* com este título (!), que ganhara fazia pouco o prêmio da Biblioteca Pública do Paraná, um dos mais relevantes do país. Nunca mais deixei de ler a poesia arquitetada de Adriane, que se transformou também numa interlocutora, tão carinhosa quanto feroz, em especial na leitura crítica de textos ainda inéditos. De Adriane Garcia e sua poesia pode-se dizer que não dão ponto sem nó. A maior parte de sua obra dá a ver as tesouras do telhado, a estrutura, o pensado na construção não apenas dos poemas, mas dos próprios livros. E não é diferente com este aqui, que a Biblioteca Madrinha Lua entrega a leitores e leitoras.

A poesia de Adriane Garcia (até nisso ela rima) não vem exatamente para pacificar. Não é de guerra, mas é de tensão, de crítica, de ironia, de denúncia. Tem um calor de debate, de diálogo firme. Com ela não se nina, mas se desperta. É também por isso que ela foi convidada a ser parte deste conjunto diverso e frutífero amadrinhado por nós.

A Biblioteca Madrinha Lua pretende reunir algumas
dessas poetas que nos aparecem pelas frestas
do mercado editorial, pelas fendas do debate
literário amplo, pelas escotilhas oxidadas
enquanto mergulhamos na literatura
contemporânea. Já no final da vida, Henriqueta
Lisboa, nossa poeta madrinha, se fazia uma
pergunta dura, sem resposta previsível, em
especial para as mulheres que escrevem: "Terá
valido a pena a persistência?". Pois então. Acho
que todas se perguntam isso, mais cedo ou mais
tarde. Não terá sido por falta de persistência
e de uma coleção como esta, poeta. Vejamos aí
a poesia de dedos em riste de Adriane Garcia.

ÍNDICE DE POEMAS

souvenir   13

a bola azul de yuri gagarin   14

terra minguante   16

televisão   17

vidro   19

caderno de esquecimentos   22

duas crianças brincando na praia 23

fotografia marítima às 5 da tarde   24

final de carta   25

arquitetura hostil   26

grande queijo suíço   27

o casal de maritacas   28

um estouro de gnus   29

santuário de corais   30

o fim do mundo 31

ursa maior   33

daqui da lua 34

extinção   35

encantados 36

pugilismo   37

antropoceno   38

histórias da carochinha   40

oráculo   41

mulheres-árvores   44

sabá   46

bilhões de pés sobre mim   47

moinhos de vento   49

ave-do-paraíso   50

buraco negro   51

dentro de casa   52

regeneração   53

arraia gigante   54

leopardo   55

rugas   57

um sopro de boas intenções   58

vírus   59

abissais   60

viagem   62

urubus   63

mais uma distopia   64

ficção científica   65

encruzilhada   67

terra prometida   69

sem fronteiras   70

quando ninguém está vendo   72

meditação   73

do topo da cadeia alimentar   74

tralhas de tanto afeto   76

FONTES **Eskorte e Ronnia**
PAPEL **Pólen natural 80 g/m²**
TIRAGEM **2000**